MARABOUT

Le chien dans tous ses états

Les images qui composent cet ouvrage ont été créées grâce à une technique photographique qui permet de jouer avec les proportions. Cet nouvelle folie venue du Japon a commencé en l'an 2000 par une série de cartes postales. Aujourd'hui, on assiste à une véritable invasion : on trouve des photos de ces chiens partout, des T-shirts aux dessus de lit en passant par les sacs à dos, les coques de téléphones portables et les portes-clés.

Pour célébrer la première publication de cette collection d'images, nous avons sélectionné les races les plus populaires. Au fil de ces pages, vous allez les surprendre dans des attitudes et des postures qui n'appartiennent qu'à eux, de la pose la plus digne à la roulade la plus échevelée !

Le chien… dans tous ses états !

THIS IS A CARLTON BOOK

Edité pour la première fois par
Carlton Books Ltd
A Division of the Carlton Publishing Group
20 Mortimer Street
London - W1T 3JW
sous le nom THE DOG

A CIP catalogue for this book is available from the British Library.

Editeur: Amie McKee
Directeur artistique : Clare Baggaley
Maquette : Stuart Smith
Fabrication : Lisa Moore

Printed and bound in Dubai

Dépot légal : 61570 | October 2005 | Edition 02
ISBN 250104347-2
Nuart 4093019

Sommaire

Le golden retriever

Originaire de Grande-Bretagne, le golden retriever est apprécié dans le monde entier. Ce chien de chasse est né au milieu du XIXe siècle d'un croisement entre le retriever à poil plat (voir p. 188) et le tweed water spaniel. Son épaisse fourrure imperméable et ses longues pattes lui permettent de bondir dans les mares et les marécages pour ramener le gibier. Malgré sa taille et sa puissance, il n'a aucun mal à prendre les oiseaux et les lièvres dans sa gueule sans les endommager. Sa gentillesse et sa douceur naturelles en font l'animal de compagnie idéal des enfants.

Le terrier écossais

On reconnaît le terrier écossais au premier coup d'œil à sa tête allongée et encadrée d'épais « sourcils » et de longues « moustaches ». Aussi appelé aberdeen terrier ou scottie, il est petit, trapu et puissant. Il était autrefois chargé de débusquer les blaireaux, les renards et les rats. Aujourd'hui, il se contente d'être un compagnon loyal et un excellent chien de garde. Un peu têtu, il est parfois difficile à dresser.

Le beagle

C'est le plus petit chien courant anglais. D'origine française, ses ancêtres ont probablement atteint les côtes d'Angleterre aux côtés de Guillaume le Conquérant en 1066. Travaillant en meute, le beagle traque les lièvres et les lapins. Jusqu'au début du XIXe siècle, les plus petits étaient transportés dans la gibecière des chasseurs. Son poil est généralement noir, fauve et blanc. Sa queue, à l'extrémité blanche, est aussi résolument dressée que ses oreilles sont tombantes. Vif et énergique, le beagle est extrêmement affectueux et joueur, ce qui n'est pas le cas de tous les chiens de chasse.

Le rottweiller

On a longtemps prétendu que le rottweiller était féroce et agressif. Cette mauvaise réputation ne l'a pas empêché de devenir un chien de compagnie très populaire. Dans les années 1990, il est devenu l'une des 5 races préférées des Américains. D'une nature calme et détendue, ce chien puissant et intelligent est né dans la ville de Rottweil, dans le sud de l'Allemagne. On le chargeait alors de rassembler le bétail, de garder la maison et de tracter de petits attelages. Ses ancêtres les plus éloignés sont des chiens de chasse spécialisés dans la chasse au sanglier, un adversaire redoutable qui exigeait toutes la force et la détermination du rottweiller.

Le chihuahua

Le chihuahua doit son nom à la région du Mexique dont il est originaire. La première douzaine de chihuahuas importée aux États-Unis à la fin du XIXe siècle a créé la sensation : personne n'avait jamais vu un chien adulte aussi minuscule. C'est aujourd'hui encore le plus petit au monde. Sa robe est de couleurs diverses, son pelage ras ou long. Petit et fragile, il aime la compagnie de l'homme mais exige des soins attentifs. Il tremble fréquemment, pas seulement lorsqu'il a froid, mais aussi lorsqu'il est nerveux ou inquiet.

Le terre-neuve

Sa force, sa fourrure imperméable et ses pattes palmées en font un excellent nageur. Il est presque aussi à l'aise dans l'eau que sur la terre ferme. Il y a trois siècles, il accompagnait les pêcheurs canadiens et les sauvait fréquemment de la noyade. Même si certains spécialistes prétendent qu'il descend de gros chiens sauvages d'Amérique du Nord, on estime généralement que le terre-neuve doit ses qualités exceptionnelles aux chiens de montagne européens importés au Canada par les pêcheurs français.

Le bull-terrier

Cette race a vu le jour en Angleterre au XIXe siècle, à l'époque où les combats de chiens étaient très prisés. Spécialement conçu pour ce « divertissement », le bull-terrier est issu d'un croisement entre le white english terrier et le bulldog anglais (voir p. 162). Fort et courageux, il est désormais considéré comme un animal de compagnie. Cependant, il exige un dressage attentif et ne supporte pas la présence d'autres animaux. Malgré ces petits défauts, c'est un compagnon loyal et affectueux.

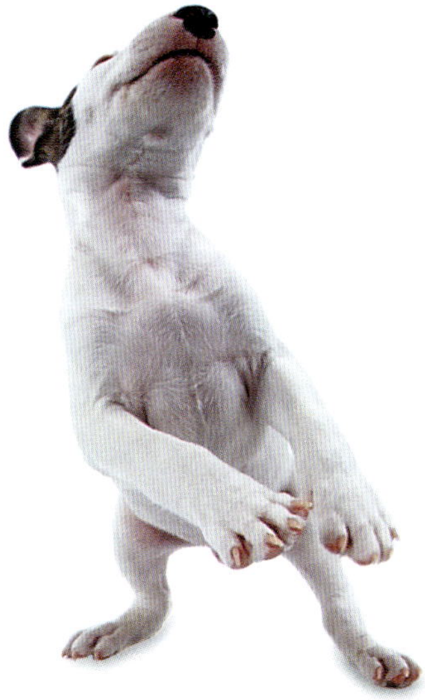

Les terriers

La famille des terriers regroupe des chiens de toutes formes et de toutes tailles, du plus grand, le terrier airedale, au plus petit, le terrier de Norfolk. Même s'ils partagent les mêmes origines que leurs cousins, les plus menus, comme le yorkshire (voir p. 108) ou l'english toy-terrier, sont classés dans la catégorie des « chiens d'agrément ». Le mot terrier vient du latin *terrari*, qui signifie « de terre ». Il fut attribué par les Romains à des chiens découverts en Grande-Bretagne au premier siècle de notre ère. Ces derniers possédaient une capacité naturelle à creuser pour débusquer les rongeurs, les lapins, les blaireaux et les renards. Ils étaient capables d'affronter leur adversaire dans d'étroits tunnels sans jamais battre en retraite.

Airedale terrier

Norwich-terrier

Terrier du Norfolk

Terrier ratier

Fox-terrier

Terrier gallois

Le shihtzu

Très proche du lhasa apso, le shihtzu chinois est l'un des « chiens-lions » d'Orient, des animaux qui jouent un rôle important dans la mythologie bouddhiste. Depuis que l'un d'eux a partagé la compagnie de Bouddha en personne, ils lui sont définitivement associés. Créé à Pékin grâce au croisement d'un chien tibétain et d'un chien chinois, le petit shihtzu possède une longue robe ondulée. Les poils qui encadrent sa tête lui ont valu le surnom de « chien chrysanthème ».

Le doberman

Collecter les impôts n'était pas tâche facile dans l'Allemagne du XIXe siècle. Non seulement les contribuables rechignaient à verser leur tribut, mais de nombreux vagabonds guettaient le percepteur pour le soulager de son butin sur le chemin du retour. C'est pour se protéger de ces attaques que Ludwig Dobermann a créé ce puissant chien de garde. On considère généralement qu'il est le fruit du croisement d'un pinscher allemand, d'un rottweiller et d'un braque de Weimar. Chien de garde noir et fauve, le doberman est mis à contribution par les forces de police et les compagnies de sécurité depuis plus d'un siècle.

Le shiba

Version miniature de l'akita (voir p. 138), son nom signifie « petit chien » en japonais. Il vient des régions montagneuses du Japon où il est connu depuis des siècles. Les races anciennes dont il descend existent depuis plus de 3000 ans. Le shiba a développé une telle résistance au froid qu'il ne peut vivre qu'en extérieur. Il participe à la chasse du petit gibier à poil et à plume. Par le passé, il traquait le cerf, le sanglier et l'ours. Comme de nombreux autres chiens de chasse, il est désormais le plus souvent adopté comme animal de compagnie. C'est l'une des races japonaises les plus populaires.

Le spitz japonais

Descendant du spitz allemand, le spitz japonais possède une robe d'un blanc pur. Apparu dans les années 1920, il est naturellement digne et élégant. Même si sa fourrure épaisse lui donne des allures de star du cinéma, c'est en réalité un petit chien vif, intelligent et joyeux.

Le dalmatien

Bien que son nom évoque une région de Croatie, il est probablement originaire du nord de l'Inde. Importé en Dalmatie par des marchands, il remplissait autrefois le rôle de chien de garde. Cette race élégante s'est peu à peu répandue vers l'ouest où son physique de rêve en a fait un véritable accessoire de mode. Aux XVIIIe et XIXe siècles, on pouvait le voir trotter devant l'attelage de ses riches propriétaires, prêt à les défendre des attaques de brigands… mais aussi à épater la galerie. Il est devenu mondialement célèbre depuis que Cruella d'Enfer, le personnage du dessin animé de Walt Disney, a essayé de transformer 101 de ses congénères en manteau de fourrure.

Le bouledogue français

Malgré son nom tiré de l'anglais *bulldog* (« chien à taureau »), ce petit Français n'a jamais harcelé la moindre bête à cornes. Il a été créé par sélection des plus petits de ses cousins anglais, puis introduit en France par des fabricants de dentelle au milieu du XIXe siècle. Il a aussitôt connu ses premiers succès dans les jupons des demi-mondaines de la nuit parisienne.

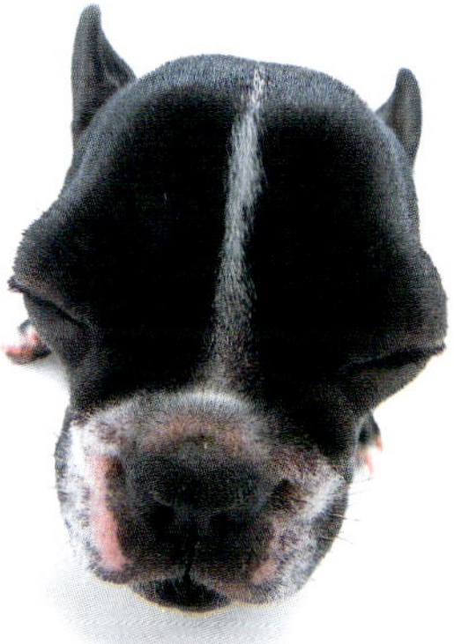

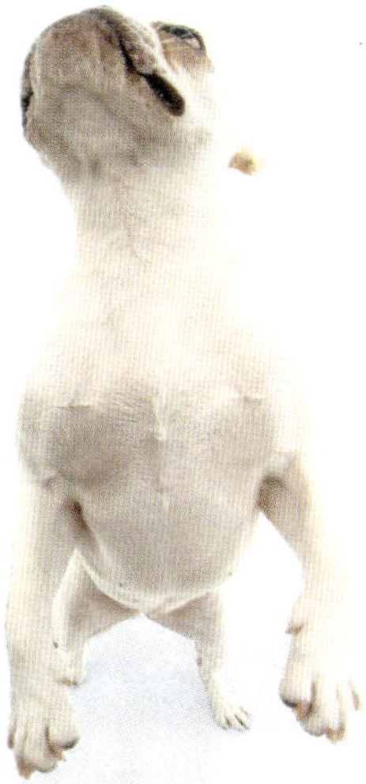

Le husky sibérien

Ses airs de loup trahissent ses origines arctiques. Il a été créé puis utilisé comme chien de traîneau par le peuple nomade chukchi, à l'est de la Sibérie. Comme les autres races du Nord, il possède une double couche de fourrure : la couche intérieure filtre les rayons du soleil et la couche extérieure le protège du froid extrême de son environnement. Le husky est souvent confondu avec le malamute d'Alaska, bien qu'il soit plus petit que ce dernier. Il a été importé en Amérique et au Canada au XIXe siècle par des marchands de fourrure et des chercheurs d'or qui s'étaient aventurés en terre asiatique. Énergique, il ne peut vivre qu'en extérieur. Certains huskys possèdent des yeux étonnants d'un bleu très pâle.

Le pinscher miniature

Autrefois chargé de chasser les rats, il descend du terrier allemand. Ses origines remontent à quatre siècles. Il ne s'agit pas, comme on le pense souvent, d'un doberman miniature. Sa fourrure noire et fauve lui donne des airs de toy-terrier ou de terrier ratier, mais on peut facilement le distinguer à sa robe fauve, d'un noir bleuté et chocolat. Cette race était autrefois connue sous le nom de reh pinscher, nom inspiré d'un petit chevreuil des forêts allemandes.

Le welsh corgi cardigan

Le nom corgi vient du mot gallois *corr*, qui signifie « nain ». Malgré sa taille peu impressionnante, le welsh corgi cardigan était chargé de rassembler le bétail. Ses pattes courtes lui permettent de remplir efficacement ces fonctions : il se glisse sous les bêtes, leur mordille les pattes pour les faire avancer puis bondit latéralement pour éviter les coups de sabot. Il est légèrement plus grand que le welsh corgi pembroke (voir p. 64) et facilement identifiable à sa longue queue.

Le welsh corgi pembroke

Le corgi est connu au pays de Galles depuis près d'un millier d'années. On suppose qu'il a été introduit par des tisserands flamands qui se sont installés dans les vallées galloises au début des années 1100. Certains spécialistes estiment au contraire qu'il était connu dans cette région depuis bien plus longtemps : il serait lié au berger suédois et aurait été importé par les guerriers vikings au IXe siècle… à moins que des voyageurs celtes ne l'aient introduit auparavant ! Quelles que soient ses origines, les corgis sont désormais fermement établis au pays de Galles. Le pembroke est plus petit et possède une queue plus courte que le cardigan (voir p. 62). Il a acquis une célébrité mondiale en tant qu'animal de compagnie favori de la reine Élisabeth II d'Angleterre.

Le westie

On l'appelle aussi « terrier blanc des Highlands de l'Ouest ». Comme l'indique cet interminable nom, il est immaculé, à l'exception de sa truffe et de ses yeux. Il a été créé en Écosse par le colonel Edward Malcolm of Poltalloch. Selon la légende, le chien favori de ce dernier, un terrier roux, avait été confondu avec un renard au cours d'une chasse et abattu accidentellement. Inconsolable, son propriétaire décida de donner naissance à des terriers blancs. Autrefois, le westie était chargé de chasser les animaux nuisibles, les loutres et les renards. Il jouit d'une gloire internationale depuis qu'une célèbre marque de scotch a décidé d'en faire son emblème, associé à un non moins fameux terrier écossais (voir p. 14).

Le cocker anglais

Il était tout simplement appelé cocker avant que son cousin américain ne vienne lui faire de l'ombre (voir p. 74). Il possède probablement des racines espagnoles remontant à environ six siècles. Il a été dressé pour la chasse au pays de Galles, où il était utilisé au XIXe siècle pour débusquer et ramener le petit gibier à plume.

Le cocker américain

Les caractéristiques qui distinguent le cocker américain de son cousin anglais (voir p. 72) ont été clairement identifiées dans les années 1920, mais la distinction n'a été officialisée qu'en 1946. Le cocker américain est plus petit, son poil plus long et son cou plus étiré. Comme son cousin anglais, il est particulièrement apprécié pour son caractère docile. Il est facile à dresser mais il exige de longues et fréquentes séances de brossage.

Le saint-bernard

C'est sans aucun doute le plus célèbre chien de secours en montagne. Descendant d'un dogue introduit il y a 2000 ans dans les Alpes par les Romains, ses ancêtres furent introduits au XIe ou au XIIe siècle en Suisse, dans une abbaye située près du col du Saint-Bernard. Il n'a été reconnu qu'au XVIIIe siècle. Souvent considéré comme chien de garde, pisteur et secouriste, sa robustesse en fait un guide idéal pour les voyageurs, lorsque les routes et les sentiers ont été recouverts par la neige. Bien qu'il soit fidèle et affectueux, son appétit, sa taille et son besoin d'exercice ne lui permettent pas de vivre en ville.

Le berger allemand

Malgré sa célébrité mondiale, le berger allemand n'existe que depuis une centaine d'années. Fasciné par l'intelligence, la force et l'agilité des chiens de son pays, un allemand enthousiaste a créé cette race qui s'est propagée dans le monde entier après la Première Guerre mondiale, lorsque les soldats alliés ont découvert l'usage que faisait l'ennemi de ses talents de messager, de pisteur et de gardien. Le nom berger allemand (deutsche schaeferhund), dont on pensait qu'il pourrait le rendre impopulaire, fut abandonné pour celui de chien-loup alsacien. Ce dernier continua à être employé jusqu'aux années 1970.

Le bobtail

Comment ce chien parvient-il à se déplacer avec l'épaisse frange qui lui tombe sur les yeux ? Sa fourrure touffue, une véritable merveille, l'a rendu célèbre dans le monde entier. Il descend des bergers européens qui étaient autrefois chargés de rassembler le bétail et de le protéger des prédateurs. Sa robe épaisse ne le protégeait pas seulement du froid, mais aussi de la morsure de ses ennemis. À l'âge adulte, ses oreilles sont si petites qu'elles disparaissent dans une véritable forêt de poils.

Le basset hound

Avec sa peau plissée, on dirait un petit chien perdu dans des vêtements trop grands pour lui. Même s'il a l'air un peu triste et fatigué, c'est en réalité un animal joyeux qui adore jouer. Excellent chien de piste, sa position au ras du sol lui permet de tirer le meilleur de sa truffe. Il est né en France au XVIe siècle. Il avait alors pour mission de chasser le blaireau.

Le colley à poil long

Avec sa tête fine encadrée d'une impressionnante crinière et d'un fier poitrail touffu, c'est l'un des chiens les plus célèbres du monde grâce à Lassie, star du cinéma hollywoodien. Il a également fait son chemin à la cour d'Angleterre : la reine Victoria possédait des colleys dans son château écossais de Balmoral. Autrefois, en Écosse, il était chargé de garder le bétail, comme son cousin le colley à poil court dont il partage la taille et les couleurs mais pas l'élégante robe. Aujourd'hui, c'est un formidable animal de compagnie.

Le carlin

Si son corps est bien dessiné, son expression renfrognée lui donne un air un peu inquiet, sans doute un reflet de sa longue histoire. Ses racines remontent à plus de 2000 ans. Originaire de Chine, il n'est arrivé en Europe qu'il y a 400 ans, dans les bagages de marchands hollandais. Il a rejoint l'Angleterre avec Guillaume d'Orange en 1689 et est aussitôt devenu l'animal de compagnie favori de l'aristocratie. S'il a l'air si soucieux, c'est peut-être parce qu'il n'a pas la moindre idée de la façon dont il va bien pouvoir rentrer en Chine…

Le saluki

Aussi appelé « chien gazelle » par les Anglais, il est originaire du Moyen-Orient, comme la levrette et le lévrier afghan (voir pp. 116 et 180). Le nom saluki vient probablement de la ville yéménite de Saluk. Pendant des siècles, les Arabes l'ont utilisé pour la chasse à la gazelle. Il était tenu en si haute estime qu'ils les offraient à leurs hôtes les plus prestigieux. Grand et mince, il possède un pelage court et doux de couleurs diverses, à l'exception de ses longues oreilles et de sa queue dont les poils sont longs et soyeux.

L'épagneul king-charles

Les petits animaux de compagnie de la catégorie des chiens d'agrément ont connu leur heure de gloire dans la noblesse européenne aux XVIe et XVIIe siècles. Cet épagneul était l'animal de compagnie préféré du roi Charles II d'Angleterre. Il promenait ses chiens dans Saint-James Park, à Londres. Avec le temps, le museau du king-charles s'est progressivement raccourci. Au XXe siècle, grâce au travail des éleveurs, il a retrouvé son aspect originel et a été officiellement reconnu en 1945.

Le boxer

Intrépide, puissant et loyal, cet excellent chien de garde est utilisé par la police dans certains États. Intelligent et obéissant, il peut même remplir les fonctions de chien guide d'aveugle. Descendant du petit bullenbeisser Lastiff et du bulldog anglais, il est né à Munich il y a 150 ans. Il était alors spécialisé dans le *bull baiting* et dans la chasse au sanglier. Malgré sa réputation de chien agressif, c'est aujourd'hui un compagnon idéal. Son poil court et brillant, fauve et blanc, exige peu de brossage. Cependant, il a besoin d'attention et d'exercice.

Le yorkshire terrier

Aujourd'hui classé dans la catégorie des chiens d'agrément, le yorkshire était autrefois chargé de l'une des tâches les plus difficiles qu'un animal ait jamais eu à remplir. Sa race a été créée par des mineurs de la région du Yorkshire au cours du XIXe siècle. Ils avaient alors besoin d'un petit chien capable de les accompagner au fond des galeries pour éliminer les rats. Le « yorkie » contemporain a un physique bien plus agréable que son ancêtre des profondeurs. Il possède désormais une robe soyeuse, bleu acier foncé et fauve, qui serait incompatible avec son ancienne profession. Cependant, ses chiots naissent toujours noirs comme le charbon…

Le border colley

Ce chien de berger intelligent et efficace doit son nom à la frontière qui sépare l'Écosse et l'Angleterre. Extrêmement agile, il adore courir mais peut aussi rester parfaitement immobile sur commande et intimider les moutons avec son regard sévère. Même si on le reconnaît le plus souvent à sa robe noire et blanche, il peut adopter toute une palette de couleurs. Son endurance est exceptionnelle : au cours d'une journée de travail, il peut parcourir l'équivalent de deux marathons.

La levrette d'Italie

Pendant des siècles, ce lévrier miniature a accompagné les hommes à la chasse. Sa phénoménale capacité d'accélération et de sprint lui permettait de pourchasser et de capturer ses proies avec facilité. Des chiens de chasse comparables ont été introduits en Europe il y a plus de 2500 ans. Quelques spécimens ont été retrouvés dans des tombes égyptiennes et ils sont mentionnés dans d'anciens manuscrits perses. Le petit lévrier italien est désormais un compagnon calme, docile et affectueux.

Le chow-chow

Inconnu en Occident jusqu'au XVIIIe siècle, le chow-chow jouit d'une grande popularité en Chine depuis des siècles. Ce chien puissant était utilisé pour tracter de petits attelages et pour garder les habitations. Au cours des redoutables hivers de Mongolie et de Mandchourie, sa fourrure, tout comme sa chair, étaient très recherchées… Sa langue noire bleutée est l'une de ses principales caractéristiques, une étrange particularité qu'il partage avec le shar pei (voir p. 174).

Le saint-hubert

C'est sans doute le plus célèbre chien courant du monde. Son sens de l'odorat extrêmement développé lui permet de retracer une piste vieille de deux jours et de la suivre sur 270 kilomètres. Il tire son nom de l'abbaye où il est né, à Saint-Hubert, en Belgique, il y a près de 1500 ans. Autrefois, il participait à la chasse au cerf. Sa peau lâche et plissée lui donne une expression un peu triste, mais il est paisible et très affectueux.

Le jack russel terrier

Il doit son nom au flamboyant révérend John Russell – Jack est le diminutif de John –, un pasteur passionné de chasse qui a élevé ses terriers pour traquer le renard dans le Devonshire, en Angleterre, au XIXe siècle. Le jack russel terrier courait aux côtés des autres chiens de meute et se chargeait de débusquer les proies qui avaient trouvé refuge dans leur terrier. Sa robe blanche comporte des taches fauves. C'est aujourd'hui un agréable animal de compagnie dont le révérend Russell aurait sans doute été très fier.

Le setter irlandais

Aussi connu sous le nom de setter irlandais rouge, c'est un chien joueur et affectueux qui peut courir pendant des heures sans se fatiguer. Même si on le dit un peu dissipé, c'est un chien de chasse qui a été créé il y a 300 ans. Il évolue avec aisance sur les sols détrempés et boueux d'Irlande pour lever et rapporter le gibier. Il remplit son rôle avec sérieux, même s'il est souvent plus difficile à dresser que certaines espèces.

Le teckel

Certains le surnomment affectueusement « saucisse », en référence à sa forme allongée. Il est probablement originaire d'Allemagne, où son nom, *Dachsund*, signifie « chien à blaireau », gibier qu'il était autrefois chargé de débusquer. Sa silhouette est parfaitement adaptée aux poursuites dans les trous et les tunnels. Certains spécialistes pensent qu'il pourrait posséder des ancêtres plus anciens : un chien à la silhouette semblable a été observé sur des bas-reliefs de l'ancienne Égypte. Le teckel moderne est encore plus petit que ses aïeux. Sa robe, de couleurs diverses, peut être courte, longue, plate ou ondulée.

Le braque de Weimar

Il a sans doute été créé par le grand-duc Karl August de Weimar au XIXe siècle mais, certains chiens comparables existaient déjà 200 ans plus tôt. En 1631, le peintre flamand Antony Van Dyck, peintre officiel de la cour de Charles Ier d'Angleterre, a réalisé un portrait du prince Ruprecht Van der Pfalz où figure un molosse qui ressemble fort à un braque de Weimar. Quelles que soient ses origines réelles, il jouit depuis de nombreuses années d'une réputation incomparable de chien de chasse polyvalent. Sa robe, le plus souvent courte, luisante et grise, lui a valu en Angleterre le surnom de « fantôme gris ».

L'akita

Ses oreilles pointues, sa truffe large et sa queue enroulée sur le dos le classent dans la catégorie des spitz, mot qui signifie « pointu » en allemand. Ces races figurent parmi les plus anciennes connues. Elles gardaient déjà les fermes, les campements et les caravanes en 800 avant J.-C. L'akita inu tire son nom d'une région du nord du Japon où il aurait été créé par des samouraïs. Il les accompagnait à la chasse et gardait le bétail. En 1931, le gouvernement japonais l'a honoré officiellement en le déclarant trésor national.

Le pékinois

De tous les chiens d'origine royale, le pékinois possède les ancêtres les plus prestigieux. Favori des empereurs de Chine durant des siècles, il est aussi connu sous le nom de « chien-lion de Pékin ». C'était un animal sacré, à tel point que celui qui osait le dérober était puni de mort. Sa petite taille lui a aussi valu le surnom de « chien de manche » car il pouvait aisément être transporté dans celles des courtisans. Il resta chien de cour jusqu'à ce que les Anglais occupent Pékin en 1860. Quelques spécimens furent alors introduits en Angleterre et l'un deux eut même l'honneur d'être présenté à la reine Victoria.

Le labrador retriever

C'est probablement le chien le plus polyvalent au monde. À la fois chien de chasse et chien policier, il est souvent chargé de détecter les stupéfiants, les explosifs, les produits de contrebande et même… les criminel ou les rescapés de catastrophes. Autrefois, il aidait les pêcheurs de Terre-Neuve à remonter leurs filets. Sa gentillesse et sa docilité en ont fait le chien guide d'aveugle par excellence. C'est sans doute l'animal de compagnie le plus apprécié.

Le bichon maltais

Autrefois spécialiste de la capture des rats, le bichon maltais est l'un des premiers chiens d'agrément introduits en Europe. Cet impitoyable prédateur s'est transformé en un inoffensif accessoire de mode lorsque les femmes de l'aristocratie l'ont pris en affection. Comme son nom l'indique, il est probablement originaire de Malte, une île de Méditerranée qu'il a investie il y a environ 2000 ans. Ses ancêtres sont sans doute originaires d'Afrique du Nord ou de Sicile. Le bichon maltais est un chien vif, joyeux et particulièrement doux avec les enfants. C'est un merveilleux compagnon pour la famille, bien que ses longs poils blancs exigent chaque jour une longue séance de brossage.

Le berger de Shetland

Il possède la tête et la robe élégante du colley à poil long mais pas sa haute stature. Il parvient à peine à atteindre 60 % de la taille de son cousin mais c'est un chien très efficace pour garder les moutons, les poneys… et même les poules. Il a été créé au XVIIIe siècle dans les îles Shetland, au large de la côte nord de l'Écosse. Vif, intelligent et affectueux, sa petite taille lui permet de tolérer la vie en appartement. Il vit aujourd'hui dans le monde entier, notamment au Japon, aux antipodes de son Écosse natale.

Le bouvier bernois

Ce gentil géant est une véritable montagne de muscles et de poils ondulés. Il descend des chiens de garde introduits dans les Alpes par les Romains. Autrefois, il employait sa force exceptionnelle pour tirer des attelages chargés des produits de la ferme. Affectueux et sociable, il a besoin de grands espaces et n'est pas adapté à la vie citadine.

Le loulou de Poméranie

Né il y a deux siècles, ce chien d'agrément, aussi appelé « spitz allemand » ou « pomeranian », est originaire d'Allemagne du Nord et de la Baltique. Au fil de l'histoire, il a été le compagnon de prestigieuses célébrités. Au XVIIIe siècle, le peintre anglais Thomas Gainsborough a immortalisé son loulou en compagnie de l'un de ses chiots. Mozart était fou de son « Pom » et la reine Victoria adorait son « Beppo ». Recherché pour sa fourrure épaisse et duveteuse, le loulou moderne est plus petit que ses ancêtres.

Le bulldog anglais

Né en Angleterre au XVIe siècle, il a été créé pour le *bull baiting*, des combats barbares qui opposaient une meute de chiens à un taureau. Les bulldogs s'acharnaient sur le pauvre animal qui répondait par de redoutables coups de corne. Le bulldog était particulièrement tenace car la forme de ses mâchoires lui permettait de les garder serrées autour de sa proie tout en respirant normalement. Le *bull baiting* a été interdit en 1835. Les bulldogs d'aujourd'hui sont moins agressifs, même s'ils sont toujours connus pour leur courage et leur ténacité.

Le terrier de Boston

Descendant du bull-terrier, du terrier et du bulldog anglais, il est né dans la région de Boston il y a environ deux siècles. Autrefois chien de combat et chasseur de rats, il est aujourd'hui doux et affectueux, à des années-lumière de ses féroces ancêtres. Le terrier de Boston est le plus souvent fauve et blanc ou noir et blanc. Il possède de fines oreilles qu'on pourrait croire empruntées à un chien de taille plus imposante. Il a hérité du bulldog un museau court et large. Son regard plein de tendresse témoigne de son goût pour la compagnie des hommes.

Le caniche

Il descend de grands chiens de chasse français et allemands qui vivaient il y a plus de cinq cents ans. Il faut distinguer le grand caniche, le caniche moyen, le caniche nain et le caniche « toy ». Leur poil ne tombe jamais, ce qui exige une taille fréquente. Si la fameuse toilette « à l'anglaise » n'est plus qu'une coupe élégante, c'était autrefois un moyen de tenir les chevilles et le poitrail du caniche au chaud lorsqu'il ramenait le gibier des lacs et des rivières. La partie rasée de son corps favorisait ses déplacements dans l'eau. Sa popularité a explosé dans les années 1950, lorsque le caniche miniature est devenu le chien le plus populaire au monde.

Le shar pei

Avec sa robe lâche et ridée, on pourrait le comparer à un labrador qui aurait emprunté par erreur la peau d'un danois. Autrefois, en Chine, cette particularité le rendait difficile à immobiliser au cours des combats auxquels il participait. Il était en voie d'extinction lorsqu'un passionné de Hong Kong l'a introduit aux États-Unis dans les années 1970. Les éleveurs américains ont aussitôt mis en œuvre un programme et permis d'assurer sa survie.

Le schnauzer miniature

Comme chez le caniche (voir p. 168), il existe trois tailles de schnauzer : le miniature, le standard et le géant. Ce dernier, spécialisé dans la garde du bétail, est le fruit du croisement entre un schnauzer standard et un grand chien de chasse allemand. Le miniature, qui avait autrefois pour mission de chasser les rats, est issu de races plus petites. Aussi appelé *zwergschnauzer* (« schnauzer nain » en allemand), c'est un excellent chien de garde et un compagnon idéal pour toute la famille. Son poil, et en particulier ses moustaches, exige une taille fréquente et un démêlage quotidien.

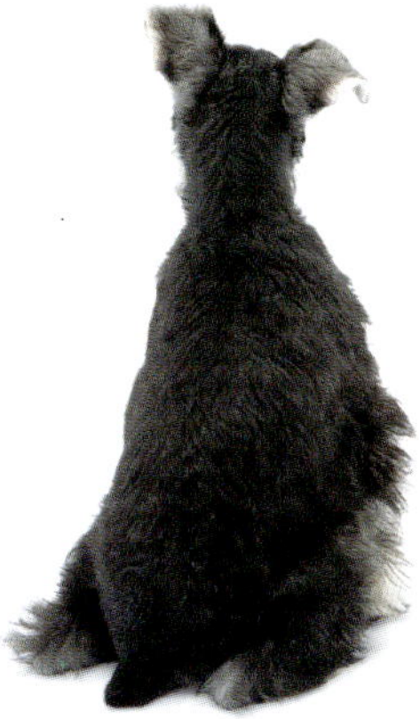

Le lévrier afghan

Apparenté au lévrier, il a été développé au Proche-Orient il y a plusieurs milliers d'années. Excellent coureur et doté d'une vue perçante, il s'est étendu aux montagnes d'Afghanistan, où les princes l'ont adopté et chargé de chasser les petits cerfs et les loups. Il a été introduit en Europe au XIXe siècle par des soldats anglais. Sa haute stature, sa tête fine et élégante et son poil long et fin inspirent le respect.

L'épagneul papillon

Modèle favori de Rembrandt et de Rubens, le papillon a été adopté par l'aristocratie européenne au XVIIe siècle. Il doit son nom à la forme de ses oreilles, comparables aux ailes d'un papillon, et aux marques symétriques qui encadrent sa tête. Aussi appelé « épagneul nain continental », il possède un proche cousin appelé « épagneul phalène », que l'on distingue à ses oreilles tombantes.

Le dandie-dinmont terrier

Ce chien vif et affectueux possède un aboiement étonnamment grave qui pourrait le faire passer pour plus grand qu'il n'est. Ses ancêtres sont le terrier écossais (voir p. 14), le scottish skye, le skye-terrier et le teckel (voir p. 132). Il existe depuis près de 400 ans et était autrefois chargé de chasser le blaireau, la loutre, le renard et les rats. Il doit son nom au héros du roman *Guy mannering* de Sir Walter Scott (1815), qui possède une meute de terriers.

Le retriever à poil plat

Ce chien d'arrêt élégant et affectueux est né en Grande-Bretagne. Il a été supplanté dans les années 1920 par le labrador et le golden retriever. Ses ancêtres vivaient en Amérique du Nord, où on pense qu'ils ont été croisés avec le labrador, le terre-neuve et le setter. Noir ou brun, il est facile à dresser et, comme tout bon retriever, il adore nager.